L'ALBUM,

COMÉDIE-VAUDEVILLE EN UN ACTE,

PAR MM. PICARD et ***,

REPRÉSENTÉE POUR LA PREMIÈRE FOIS, SUR LE THÉATRE
DU GYMNASE DRAMATIQUE, LE 21 DÉCEMBRE 1822.

PRIX : 1 FR. 50 CENT.

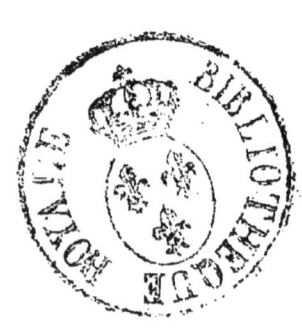 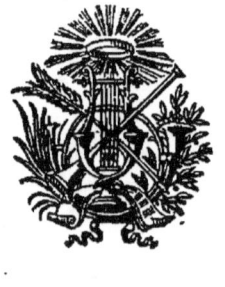

A PARIS,

CHEZ AIMÉ ANDRÉ, LIBRAIRE,

QUAI DES AUGUSTINS, N° 59;

FAGES, libraire du Gymnase dramatique, au théâtre ;
BARBA, Palais-Royal, derrière le Théâtre-Français.

1823.

PERSONNAGES.

Personnages.	Acteurs.
GEORGE DELVAL, jeune peintre.	M. Victor.
LAROSE, ancien sergent, limonadier.	M. Gontier.
BELAIR, maître de danse.	M. Émile.
HENRISCA DE NORDISKIN, jeune héritière russe.	Mlle Fleuriet.
Mlle BEAUPRÉ, demoiselle de compagnie.	Mme Kuntz.

La scène se passe dans un village, à deux lieues de Paris.

L'ALBUM,

COMÉDIE-VAUDEVILLE.

Le théâtre représente une place de village. Au fond, un café; d'un côté, une grille donnant sur un parc; de l'autre, une maison fort simple; un banc de verdure devant cette maison.

SCÈNE PREMIÈRE.

LAROSE, sortant du café.

Brossez le billard, nettoyez les quinquets; les liqueurs bien fraîches et le café bien chaud!.... Ces garçons, ça ne va pas à commandement comme allaient autrefois mes voltigeurs..... Quand j'y pense!.... moi, Guillaume Morin, dit Larose, ancien sergent, me voilà limonadier à deux lieues de Paris!.... Et mon lieutenant, le cher M. George Delval, peintre et dessinateur, dans cette maison-là.... à deux pas de la mienne! Oh! oh!.... les volets ouverts dans le château! plus d'écriteau! Est-ce que depuis hier il serait loué ou vendu? Tant mieux, morbleu!.... ça répand de l'argent dans le pays!.... Ah! voilà mon officier qui part pour sa promenade accoutumée.

SCÈNE II.

LAROSE, GEORGE.

LAROSE.

Salut, mon lieutenant!

L'ALBUM.

GEORGE.

Bonjour, Larose, bonjour.... Eh bien! mon ami, c'est demain le grand jour!

LAROSE.

Oui, demain, 3 mai 1816.... il y a un an que nous sommes rentrés en France.

GEORGE.

Quel souvenir!

AIR *de la robe et des boîtes.*

A pareil jour, notre France sauvée
Revit un roi si cher à son amour :
De ce roi l'heureuse arrivée
Fut le signal de notre heureux retour ;
Oui, dans sa bonté tutélaire,
Il devait en agir ainsi ;
Dans ses foyers quand revient un bon père,
Il aime à voir tous ses fils près de lui.

LAROSE.

Vous avez voulu choisir ce jour-là pour le mariage de votre sœur.... et quand je pense que ce sont vos économies qui lui servent de dot....

GEORGE.

C'est bon.... c'est bon.... le percepteur est un honnête homme; elle sera heureuse.

LAROSE.

Ah, mon officier! que vous méritez bien de l'être aussi!

GEORGE.

Ne le suis-je pas?... Fils d'un brave officier.... à défaut

de fortune, mon respectable père a voulu me laisser une bonne éducation.... J'en recueille aujourd'hui les fruits.... Forcé par d'honorables blessures de prendre ma retraite, je travaille, et j'ajoute à la pension que je tiens des bontés du roi le prix des tableaux que je compose dans mes instans de loisir.... Je vis honorablement.... que me manque-t-il?

LAROSE.

C'est une belle chose que l'éducation! je peux le dire sans amour-propre, car je n'ai jamais rien su.... J'avais seize ans, lorsqu'un jour le receveur de mon endroit s'aperçut que son cher fils était en tête de la liste du départ pour l'armée.... Le petit jeune homme ne se souciait pas de partir.

AIR des *Amazones.*

> Aux noms sacrés de l'honneur, de la France,
> Pour remplaçant aussitôt je m'offris !
> Ma bonne mère était dans l'indigence ;
> De mon départ je lui laissai le prix.
> Du régiment en suivant la bannière,
> Je me disais, sous les feux ennemis :
> « Heureux enfant, je fais vivre ma mère !
> » Heureux soldat, je défends mon pays ! »

J'ai eu le bonheur de vous connaître, mon lieutenant!... nous avons combattu ensemble, nous nous reposons ensemble; je n'ai plus qu'un vœu à former!... Vous avez dansé à ma noce, nous dansons demain à la noce de votre sœur!... quand pourrons-nous danser à la vôtre?

GEORGE.

Ah !... la mienne !

LAROSE.

Allons !... je ne peux pas vous parler de mariage sans vous faire soupirer....

GEORGE.

Ah !... mon pauvre Larose !

LAROSE.

Et je sais bien pourquoi.... Vous pensez toujours à notre séjour en Russie, au château de Nordiskin !

GEORGE.

Oui, toujours, et jamais sans rougir de la ruse qui nous a valu les bons traitemens que nous avons reçus.

LAROSE.

Allons donc ! petite ruse de guerre, aussi innocente que profitable !... Nous sommes faits prisonniers ; le comte de Nordiskin, gouverneur de la province, vient visiter le convoi dont nous faisions partie....

GEORGE.

Blessé d'un coup de feu, je pouvais à peine répondre à ses questions ; il me demande qui je suis....

LAROSE.

Moi, je prends la parole.... et je dis à haute voix : M. le comte Delval, fils de M. le comte Delval de Sainte-Arsène, l'un des plus riches propriétaires de France ; destiné, par son mérite et sa fortune, à devenir bientôt.... capitaine.... colonel.... général !...

GEORGE.

Quelle faiblesse à moi de ne pas te démentir !

LAROSE.

Grâce à cet heureux mensonge, le gouverneur nous em-
mène à son château; il nous traite en gens de distinction,
nous présente à sa famille...

GEORGE.

A sa fille !...

LAROSE.

Mademoiselle Henrisca !.... charmante personne...: dix-
sept ans !...

GEORGE.

Aussi bonne, aussi aimable que belle !

LAROSE.

En l'absence des professeurs de Pétersbourg, vous don-
nez des leçons à notre jeune hôtesse; elle se perfectionne
dans la musique, l'anglais, le français, le dessin !... oh! le
dessin, surtout!... L'amitié du père et de la fille augmente
tous les jours !... Nous sommes fêtés, choyés!... quel mal
à cela ?... Moi, je ne m'en trouve que mieux !... La dame
de compagnie, mademoiselle Beaupré, Française d'origine,
a pour moi mille attentions, et même, je ne suis pas fier,
mais.... suffit !

AIR : *Traitant l'Amour sans pitié.*

Moi, je ne dois pas blâmer
Son amoureuse folie !
Aux bords glacés de Russie
Elle voulait s'enflammer !
Sur une terre étrangère
Trouver un Français, un frère,
Aimer ce vieux militaire

D'un amour sentimental,
C'était, dans sa conscience,
De loin, prouver à la France
Son amour national!

GEORGE.

Le ciel m'est témoin que je n'osai jamais lever un œil téméraire sur Henrisca!... Moi, fils d'un simple officier, moi, qui n'avais pour toute fortune que mon épée, j'aurais...! Mon ami, tu te rappelles le jour où le feu prit dans un pavillon du château?

LAROSE.

Si je me le rappelle!... Je vous vois encore grimper sur une échelle mal assurée, vous jeter au milieu des flammes, arracher le vieux comte à une mort certaine, le remettre dans les bras de sa fille, et tomber mourant à leurs pieds!...

GEORGE.

Le lendemain!... si tu savais ce qui s'est passé!... Quel entretien!... quel espoir le père fit briller à mes yeux!.... Mais pourquoi réveiller de douloureux souvenirs? La paix nous a rendu la liberté!... Depuis notre retour en France, les gazettes m'ont appris la mort du comte de Nordiskin! Oublions le passé, mon cher Larose.... Soyons toujours amis.,...

LAROSE.

A la vie et à la mort, mon brave officier!... Sous le nom de George, continuez à vous faire aimer dans tout le canton.

GEORGE.

Toi, mon vieux camarade, continue à faire le bonheur de ta femme....

LAROSE.

Oh! elle est contente, et moi aussi!... Convenez que ce n'est pas maladroit d'avoir trouvé une bonne grosse veuve, encore appétissante, et dont le douaire m'a servi à fonder mon café!

GEORGE.

Songe au repas de demain.... je te nomme maître des cérémonies.... Ah! quand la voiture de Saint-Germain passera, aie soin de remettre ce paquet au conducteur....

LAROSE.

Le travail de la semaine! (*à part*). Tant qu'il n'apprendra pas que mademoiselle Henrisca est mariée, il ne se décidera jamais à chercher une femme. (*haut*). Ah! ah!... j'aperçois le célérifère!... Il s'arrête! un voyageur en descend!... il a l'air original avec son livre sous le bras!...

SCÈNE III.

LAROSE, GEORGE, BELAIR.

BELAIR.

Ainsi, mon cher, vous repassez à cinq heures, et vous me reprenez si vous avez de la place.

Bon! je puis faire la petite affaire qui m'amène, et me retrouver de bonne heure à Paris. Il s'agit de trouver mon artiste... Ah! messieurs, pourriez-vous me faire le plaisir de m'enseigner où demeure un jeune peintre nommé George?

LAROSE, bas à George.

C'est quelque pékin de marchand d'images qui vient vous commander de la besogne.

GEORGE.

Monsieur, en quoi puis-je vous être utile ?

BELAIR.

C'est·vous !... Parbleu, monsieur, je me félicite de vous avoir rencontré !... Monsieur, je suis artiste aussi, mais dans un autre genre que vous. ... Je me nomme Belair... Je suis, comme qui dirait, artiste cosmopolite... Oui, si vous me demandiez de quel pays je suis, la question serait peut-être embarrassante.

LAROSE.

Comment donc ?

BELAIR.

Je suis né à Paris... mais je me suis implanté de bonne heure en Russie.... Vous n'avez jamais été en Russie, vous... vous êtes trop jeune ?

LAROSE.

Mais...

GEORGE, bas.

Tais-toi !...

BELAIR.

Monsieur, plusieurs personnes me trouvent de l'esprit... et je professe la danse... Élève de l'Opéra, j'étais déjà fort sur les pirouettes, lorsque mes rivaux suscitèrent contre moi mille intrigues, comme ça se pratique entre gens à talent... J'avais pourtant bien du mérite, car depuis j'ai été applaudi par des gens de goût... les Kalmoucks! Mais, monsieur, le croiriez-vous?... la cabale a passé la *Vistule*... Qu'ai-je trouvé en Russie?... des danseurs français... ils avaient usurpé toutes les places de l'empire... de Terpsichore... De désespoir, je me suis mis à donner des leçons en ville, et je n'ai pas eu à m'en plaindre... j'ai fait assez bien mes petites affaires.

GEORGE.

De grâce... qui me procure l'honneur de votre visite ?

BELAIR.

Nous y voilà : vous allez me trouver indiscret ; mais c'est le privilége du talent d'attirer l'importunité.

LAROSE.

Il est très-honnête... pour un Russe.

BELAIR.

Depuis mon retour en France, je me mêle d'affaires.... j'achète des terres, des rentes, des maisons... pour les autres... je cherche des maris, des femmes, toujours pour les autres... j'arrange des représentations de bienfaisance, j'ouvre des souscriptions, je mets en rapport les hommes de mérite avec ceux qui ont de l'opulence... en un mot, je cherche à me rendre utile par mille petits services empressés. Aujourd'hui je suis attaché au char d'une princesse moscovite, qui a entendu parler de vous avec toute l'admiration que vous méritez ; elle voudrait avoir un essai de vos productions sur son album que voici ; elle m'a donc député vers vous, et moi j'ai pensé que vous seriez flatté de vous trouver dans la société des premiers artistes et des hommes de lettres les plus distingués de la capitale.

LAROSE.

Qu'est-ce qu'un album ?

BELAIR.

Ce que c'est ?... regardez.

LAROSE.

Eh bien!... qu'est-ce que c'est que cela?

BELAIR.

Vous voyez!... un livre d'abord tout blanc, sur lequel on prie ses amis qu'on connaît et ses amis qu'on ne connaît pas de vouloir bien mettre un échantillon d'esprit, de talent, ou même de génie... quand ils en ont. De plus, tous les gens célèbres, tous les artistes sont mis en réquisition pour plaire à la dame que je représente, et pour enrichir ce recueil consacré à l'amitié, aux arts, aux lettres, à l'amour et à la sensibilité... J'ai déjà visité les membres et correspondans de nos quatre académies... j'ai des dessins, des vers, des figures de géométrie, de la morale, de la musique, des épithalames, des épitaphes, et des chansons à boire!... C'est une tour de Babel!... On reçoit même la poésie non rimée; tenez, l'auteur d'un roman fameux m'a accordé deux phrases qui tiennent solitairement quatre pages au chapitre des langues étrangères!

GEORGE.

Et vous voulez...?

BELAIR.

Vous devez nécessairement joindre votre nom à tous ces noms fameux. Vous ne refuserez pas la princesse Bourliskoff... Si vous la connaissiez!... la brave et respectable femme! soixante ans!... un peu grasse, un peu haute en couleur; mais faisant les honneurs de sa table avec une magnificence!...

LAROSE.

Croyez-vous que monsieur peut donner son temps aux dames Bourliskoff!

BELAIR.

Je vous en conjure... une tête, un paysage, une fleur,
un cheval, un âne !... un petit croquis d'imagination ou
de mémoire...

GEORGE.

De mémoire ?.... attendez donc... Oui !... revenez
dans une heure.

LAROSE.

Est-on plus complaisant que mon officier ?

BELAIR.

A merveille !... J'étais bien sûr de mon fait !... Ces artistes, avec des complimens, on en fait ce qu'on veut !
Pardon, je ne suis pas pressé ; mais je ne reste dans ce pays
que jusqu'au passage du célérifère ; je vais à deux pas faire
une visite à la terre d'Orgeville... Sans adieu. Oh ! oh !
voilà un joli château ! savez-vous à qui il appartient, monsieur le militaire ?

LAROSE.

Ma foi, non ; hier encore il était à vendre.

BELAIR.

Ce n'est pas que... je vais déjeuner à d'Orgeville ; mais
au retour... Quand on est dans un pays, on est bien aise de
connaître la statistique...

LAROSE.

Il m'a l'air assez fort sur la statistique des cuisines...

BELAIR.

Air *des deux Sœurs.*

Jusqu'au revoir : je cours à d'Orgeville ;
Je fais bientôt honneur au déjeuner.

L'album est prêt ; je retourne à la ville ;
Chez un boyard, ce soir je dois dîner.

GEORGE, à part.

Ton souvenir en tous lieux m'accompagne ;
Chère Henrisca, tu vas guider ma main !

BELAIR.

Mon appétit redouble à la campagne !

LAROSE.

Je vais soigner le repas de demain !

TOUS ensemble.

Jusqu'au revoir...

(Delval rentre dans sa maison, et Larose dans son café.)

SCÈNE IV.

BELAIR, Mlle BEAUPRÉ.

BELAIR.

Beau château !... dépendances superbes ! Ah ! voilà une dame dans le parc ; elle approche...

Mlle BEAUPRÉ.

Je suis très contente de notre acquisition... un air pur, une charmante position !... Mais, à la campagne, les maris viendront-ils nous chercher ? Quel est ce monsieur ?... Je ne me trompe pas... c'est lui.

BELAIR.

Mademoiselle... ou... madame !...

Mlle BEAUPRÉ.

Eh quoi !... M. Belair, vous ne reconnaissez pas vos amis de Russie ?

BELAIR.

De Russie !... se peut-il ?

Mlle BEAUPRÉ.

Mademoiselle Beaupré, dame de compagnie chez le comte de Nordiskin , que vous faisiez tant rire quand vous veniez jouer des proverbes et des charades avec tous ces messieurs et ces dames de la comédie française de Saint-Pétersbourg,

BELAIR.

Quoi !... c'est vous !... Comme on se retrouve !... Non, certainement, je n'ai pas oublié la manière toute gracieuse dont j'ai été reçu chez M. le comte !... Et sa chère et aimable fille ! Ah ! quand j'y pense ! mademoiselle Henrisca !... je fus à même d'apprécier toutes ses vertus en lui donnant des leçons de danse... Mais donnez-moi donc de leurs nouvelles.

Mlle BEAUPRÉ.

Hélas ! le pauvre cher homme est mort !... Mademoiselle Henrisca l'a bien pleuré ! puis tout à coup, après le deuil, elle a décidé son oncle à l'accompagner en France...

BELAIR.

Son oncle !... le baron Mittoff ! le goutteux qui ne marche jamais et qui boit toujours.

Mlle BEAUPRÉ.

Justement... Nous occupons avec lui un bel hôtel à Paris ; mais nous avons acheté ce château pour la belle saison, et nous entrons aujourd'hui en possession.

BELAIR.

Et mademoiselle Henrisca ?

Mlle BEAUPRÉ.

Je lui sers de tutrice... quand je dis tutrice, elle est maîtresse de ses actions ; mais elle est si jeune encore ! C'est la personne la plus accomplie !... une vertu, une beauté !... point coquette, point prude !... le meilleur cœur !... toutes les qualités... cent mille livres de rente !

BELAIR.

Que je rends grâce à ma bonne étoile de m'avoir conduit ici ! J'aurai l'honneur de présenter mes hommages à votre belle maîtresse.... Mais comment se fait-il qu'elle ne soit pas mariée ?

Mlle BEAUPRÉ.

Ce n'est pas faute de prétendans. Il s'est présenté des Russes, des Polonais, des Norvégiens ; que sais-je ? Tenez, M. Belair, entre nous, j'ai dans l'idée que notre établissement en France cache de grands projets... Mademoiselle aime tant la France qu'elle pourrait bien aimer les maris français.

BELAIR.

Au fait, ce n'est pas ce que la France produit de plus mauvais ; j'en fais juge le beau sexe : nous autres Français... il ne nous appartient pas de nous vanter, et cependant cela nous arrive souvent ; mais, quoi qu'on en puisse dire, nous serons toujours les plus aimables.... Qu'elle s'adresse à moi, mademoiselle Henrisca ; je peux lui trouver ce qu'elle désire : grâce à mes liaisons avec tous les Russes qui sont à Paris, je suis très répandu dans la bonne société française.... Je connais bien des jeunes gens à marier !... On peut trouver cela à la Bourse.

Mlle BEAUPRÉ.

Silence ! voici mademoiselle...

BELAIR.

Ne dites rien de mes projets; ménageons-lui le plaisir de la surprise...

SCÈNE V.

BELAIR, Mlle BEAUPRÉ, HENRISCA.

BELAIR.

Mademoiselle de Nordiskin veut-elle bien agréer les hommages de son respectueux serviteur et maître de danse ?

HENRISCA.

M. Belair !... quoi !... vous ici ? et par quel hasard ?

BELAIR.

Ah, mademoiselle !.... si j'avais su votre arrivée en France, je me serais empressé.... mais, si vous daignez me le permettre, j'espère bien me dédommager...

HENRISCA.

Bien... bien... M. Belair... je ne doute pas de votre zèle...

BELAIR.

Je vous avouerai, mademoiselle, que je suis venu dans ce pays dans une tout autre intention... Un album que je suis chargé de soigner... Eh mais !... si je ne craignais pas d'abuser de votre complaisance... vous dessinez à merveille !... daignerez-vous l'enrichir de quelque esquisse ? C'est pour la princesse Bourliskoff.

HENRISCA.

Une compatriote !... je ne vous refuse pas M. Belair.... nous verrons....

BELAIR.

Vous me le promettez, mademoiselle ! que je suis heureux !... Je vous demande pardon.... mille pardons ! je suis invité... Permettez-moi d'avoir l'honneur de vous revoir à mon retour. Si vous connaissiez mes projets !

HENRISCA.

Vous avez des projets ! vous n'avez pas changé, mon cher maître de danse ; toujours actif....

BELAIR.

Malgré mes cinquante ans, je fais marcher de front les affaires et les ronds de jambe... Je vous apporterai mon album, mademoiselle, je vous l'apporterai.

SCÈNE VI.

HENRISCA, Mlle BEAUPRÉ.

Mlle BEAUPRÉ.

Ah, mademoiselle !.... si vous saviez l'idée qui lui a passé par la tête....

HENRISCA.

Il ne peut guère y avoir que de folles idées dans la tête de ce Belair.

Mlle BEAUPRÉ.

Il songe à vous marier.

HENRISCA.

Me marier !... moi ?

Mlle BEAUPRÉ.

Il est vrai que je me suis hasardée à lui dire que je croyais.... que je pensais....

HENRISCA.

Quoi ?

Mⁱˡᵉ BEAUPRÉ

Que madame avait fait le voyage de France dans l'intention....

HENRISCA.

Quelle intention ?

Mⁱˡᵉ BEAUPRÉ.

De trouver un mari.

HENRISCA.

Vous lui avez dit cela? mais, mademoiselle, vous avez eu tort, très grand tort !

Mⁱˡᵉ BEAUPRÉ.

Enfin, votre intention ne peut pas être de rester demoiselle ?

HENRISCA.

Crois-tu que ce soit un état si triste ?

Mⁱˡᵉ BEAUPRÉ.

Eh mais !... je suis très heureuse, sans doute, près de mademoiselle ; mais j'avoue que la perspective d'un mari.... et, s'il faut être franche, là-bas, à Nordiskin, je croyais avoir trouvé.... Mademoiselle se souvient peut-être de.... M. Larose, qui était prisonnier avec cet officier, M. le comte Delval ?

HENRISCA.

Ecoute, ma chère; tu m'as donné trop de preuves d'attachement pour que je ne t'ouvre pas mon cœur.... Il y a long-temps que je médite la confidence que je vais te faire.... oui.... depuis mon départ de Pétersbourg, je ne sais ce qui m'a retenue.... ce qui se passe en moi est si extraordinaire! Libre, n'ayant de parens que mon bon oncle Mittoff, dont je fais ce que je veux, j'ai besoin de confidences et de conseils; et je ne puis mieux placer ma confiance qu'en toi....

Mⁱˡᵉ BEAUPRÉ.

Parlez, mademoiselle, parlez.... cela soulage.

HENRISCA.

Apprends donc que.... Mais.... je tremble! je n'ose!... Puisque tu n'as pas oublié ce jeune officier....

Mⁱˡᵉ BEAUPRÉ.

M. Delval?

HENRISCA.

M. le comte Delval de Saint-Arsène, qui paya si bien l'hospitalité que mon père lui avait accordée, en lui sauvant la vie dans l'incendie du château. Apprends qu'encore tout ému de la scène de la veille, le lendemain de ce jour fatal, dans ce petit salon d'où l'on voyait les ruines du pavillon incendié, mon père était assis entre son libérateur et moi.... Il prit ma main..... il prit celle de Delval, et, avec une bonté touchante, il dit : Delval, que n'êtes-vous mon fils! Si tu avais vu la joie, la timidité, l'embarras de ce bon jeune homme! Quoique bien honteuse et baissant les yeux, rien ne m'échappa ; toute cette scène m'est encore présente.... je la peindrais de mémoire. Hélas! deux jours après Delval fut échangé, mon père fut appelé à Pétersbourg!... Je l'ai perdu!...

Mⁱˡᵉ BEAUPRÉ.

Ce brave Français!

HENRISCA.

Air: *Vaudeville de Voltaire chez Ninon.*

Du nom d'étranger, de Français,
En vain je voulais me défendre!

Oui, je l'avoue, oui, je l'aimais....
Il était si bon et si tendre !...
Je le voyais avec bonheur....
Quand il parlait, sa voix chérie
Semblait tout bas dire à mon cœur
Que l'amour n'a pas de patrie !

Mᴵᴵᵉ BEAUPRÉ.

Et nous sommes donc venues en France pour le chercher ?

HENRISCA.

Le chercher !... tu as des expressions d'une franchise!...

Mᴵᴵᵉ BEAUPRÉ.

Le chercher, non..... mais pour le rencontrer. ... Et comment ne pas rencontrer un jeune homme de qualité, aimable, riche ? Ah, mademoiselle ! ... c'est le mari qu'il vous faut.... Et qui sait ? en cherchant des nouvelles de l'officier, nous en trouverons peut-être de son sergent.

HENRISCA.

Tais-toi, folle.... Je vais visiter le parc.... ne me suis pas....

(Elle va dans le parc.)

Mᴵᴵᵉ BEAUPRÉ.

Et nous, allons écrire un mot d'annonce pour les petites affiches.

(Mᴵᴵᵉ Beaupré rentre dans le château.)

SCÈNE VII.

BELAIR, revenant.

Personne au château d'Orgeville.... il me faudra retourner à jeun à Paris.... Allons, au moins, voyons un peu où notre jeune peintre en est de son dessin.

SCÈNE VIII.

BELAIR, GEORGE.

GEORGE, tenant l'album.

J'ai été assez heureux pour donner quelque ressemblance aux personnages. Comme j'ai travaillé rapidement! J'étais guidé par un sentiment si vif de reconnaissance, je n'ose dire d'amour. Mais je n'ai pas encore vu ma mère...

BELAIR.

Ah, monsieur! j'ai été furieusement occupé dans ce pays depuis que je ne vous ai vu... Eh bien!.. mon dessin?

GEORGE.

Le voici... Pardon... je vous quitte.

BELAIR.

Un moment! que je vous remercie, que je vous raconte ce qui m'est arrivé : vous pourrez peut-être me donner des renseignemens.

GEORGE.

Encore une fois, je suis pressé. Adieu, M. Belair, adieu!

SCÈNE IX.

BELAIR.

Eh bien! il est parti! Ah! ces jeunes gens! Il y a peut-être encore quelque amour dans ce cœur-là. C'est bien, c'est bien; aimez, aimez; faites comme moi, quand je jouais Cupidon dans Psyché... et vous m'en direz des nouvelles. Mais voyons donc le dessin. Oh! oh! c'est soigné.

SCÈNE X.

BELAIR, Mlle BEAUPRÉ.

Mlle BEAUPRÉ.

Ah! M. Belair, je vous rencontre à propos. Vous allez à Paris; si vous vouliez vous charger de cet avis pour les petites affiches... Voyez comme j'y mets de la discrétion! *« On a quelque chose de très important à communiquer à Mon-*
» sieur le comte Delval de Saint-Arsène. »

BELAIR.

Quel est ce comte Delval?

Mlle BEAUPRÉ.

Entre nous, c'est, je crois, l'objet de notre voyage en France.

BELAIR.

Ah! ah! j'entends... Je m'en charge... c'est à merveille... Tenez, regardez le joli dessin que m'a fait mon jeune peintre.

Mlle BEAUPRÉ.

Ah! que c'est beau!... Eh! mais... est-ce un rêve?.... ah! mon Dieu!... que vois-je?...

BELAIR.

Qu'avez-vous donc?... C'est une scène de voleurs.

Mlle BEAUPRÉ.

Vous ne reconnaissez pas? Je le crois bien, vous n'êtes jamais venu à Nordiskin. Voilà la grille, le parc.

BELAIR.

Vous êtes folle; ça se passe en Italie.

L'ALBUM.

Air *de Passy*.

La scène est en Italie !
Le jour est sur son déclin.

Mlle BEAUPRÉ.

Non ; la scène est en Russie,
Au château de Nordiskin !

BELAIR.

Ce sont d'infâmes brigands
Dans les Calabres errans ;
Ils vont dans un château fort
Porter la flamme et la mort !
Dans ce vieux château peut-être
Un trésor était caché.

Mlle BEAUPRÉ.

Que vois-je ! C'est mon vieux maître
A l'incendie arraché.
Oui, mon bon maître, c'est vous !
Mais qui presse vos genoux ?
C'est lui ! je le reconnais !
C'est notre officier français !
C'est le comte Saint-Arsène !
C'est notre libérateur !

BELAIR.

Eh ! non... C'est le capitaine
Qui dépouille un voyageur.

Mlle BEAUPRÉ.

Tenez !... me voilà derrière !

BELAIR.

Non ; des brigands, sur ma foi,
C'est la vieille vivandière.

Mlle BEAUPRÉ.

Je vous jure que c'est moi !
Voilà le brave sergent !

SCÈNE X.

BELAIR.

Le sergent est un brigand.

Mlle BEAUPRÉ.

Larose, un brigand!.... hélas!

BELAIR.

Certes, vous n'y voyez pas.

Mlle BEAUPRÉ.

Voyez là, près de l'échelle,
L'intendant de Nordiskin.

BELAIR.

L'intendant, mademoiselle,
Comme un autre est un coquin.
Pour mon album quel tableau:

Mlle BEAUPRÉ.

Mon cher Belair, que c'est beau!

BELAIR.

C'est étonnant,
Surprenant.

Mlle BEAUPRÉ.

Ravissant
Attendrissant.

ENSEMBLE.

Mlle BEAUPRÉ.	BELAIR.
Accourez.... mademoiselle!	Ah! que cette esquisse est belle!
Non, ce n'est pas une erreur!	Pour toi, Belair, quel bonheur!
Et cet album nous révèle	C'est vraiment digne d'Apelle;
L'espérance du bonheur!	Et j'en aurai tout l'honneur!

SCÈNE XI.

BELAIR, Mlle BEAUPRÉ, HENRISCA.

HENRISCA.

Eh bien ! mademoiselle... pourquoi ces cris ?

Mlle BEAUPRÉ.

C'est le château de Nordiskin, c'est vous, c'est moi, c'est lui, c'est votre père !

HENRISCA.

Que signifie...

BELAIR.

C'est vous, c'est lui !... Si j'y comprends quelque chose !

Mlle BEAUPRÉ.

Cet album...

HENRISCA.

Se pourrait-il ? Ciel ! mon père, Delval ! Ah ! parlez, Belair, parlez ; qui vous a remis ce dessin ?

BELAIR.

Un jeune peintre qui demeure là, dans cette petite maison ?

HENRISCA.

Un peintre !.. ce n'est pas lui ! Mais pourtant... son nom.

BELAIR.

Monsieur George.

HENRISCA.

George ! George ! n'a-t-il pas d'autres noms ? Il demeure là, dites-vous ?

BELAIR.

Il vient de sortir, sans doute pour chercher quelque point de vues agréables. Si vous le désirez, je vais courir...

Mlle BEAUPRÉ.

Allez, allez...

HENRISCA.

Sans doute, mon cher M. Belair, sans doute.

BELAIR.

Je vais traverser le village ! Comment ! ce serait lui ! Ah !
bon Dieu ! toute la Russie s'est donné rendez-vous ici ! Il
faudra bien que je le trouve. Je cours, je questionne tout le
monde, l'adjoint, le greffier, le curé, sa servante ! Ah ! mon
Dieu ! quelle jolie aventure !

SCÈNE XII.

HENRISCA, Mlle BEAUPRÉ.

Mlle BEAUPRÉ.

Ah, mademoiselle ! si le lieutenant est ici, le sergent ne
doit pas être loin. Ce bon M. Larose ! Oui, mademoiselle, ce
sont eux, mon cœur me le dit.

HENRISCA.

Ah, Delval ! vous reverrais-je enfin ! ne devrais-je pas
plutôt...

Mlle BEAUPRÉ.

Mademoiselle, sans faire semblant de rien, regardez donc
cet homme qui fume sa pipe sur la porte de ce café. Ah !
mon Dieu !... je suis toute saisie.

HENRISCA.

Et pourquoi ?

Mlle BEAUPRÉ.

Regardez, mademoiselle ; cet homme, c'est M. Larose.

HENRISCA.

Larose ! eh mais!...

Mlle BEAUPRÉ.

Je parierais bien que l'auteur du dessin est M. Delval. Il
ne nous voit pas. Il est encore fort bien, il a une tournure de
maître de maison. Dieu! je vois une femme dans le comptoir!
oh! c'est sa mère, il n'y a aucun doute. Il faut pourtant
tâcher qu'il nous voie.

(Elle tousse.)

SCÈNE XIII.

HENRISCA, Mlle BEAUPRÉ, LAROSE.

LAROSE.

Eh! voilà deux dames.

(Il quitte sa pipe, et salue respectueusement.)

Mlle BEAUPRÉ.

M. Larose a bien de la peine à reconnaître les gens.

LAROSE.

Que vois-je!... mademoiselle Beaupré, mademoiselle de
Nordiskin! O ciel! quelle heureuse rencontre!

HENRISCA.

Vous dans ce village, M. Larose!

LAROSE.

Vous en France! vous, mademoiselle! Il faut que je pré-
vienne sur-le-champ mon officier. Ma femme, ma femme,
garde la boutique; je vais... je cours... je vole... Mon pauvre
lieutenant, quelle sera sa joie!

(Il sort du même côté que Delval.)

SCÈNE XIV.

HENRISCA, Mlle BEAUPRÉ.

Mlle BEAUPRÉ.

Sa femme ! voilà un coup !... Comptez donc sur les hommes !
Quant à moi... voilà mon sort décidé... Heureusement je
n'y pensais que pour vous tenir compagnie.

HENRISCA.

Ce jeune peintre serait Delval !... Mais pourquoi se cacher
ainsi ?

Mlle BEAUPRÉ.

On vient.

SCÈNE XV.

HENRISCA, GEORGE, Mlle BEAUPRÉ, LAROSE.

Mlle BEAUPRÉ.

Musique de M. Heudier.

O ciel ! c'est lui !... c'est bien lui ! le voilà !

HENRISCA.

Pour moi quelle douce espérance !

GEORGE.

Eh quoi ! c'est vous, chère Henrisca !
Vous en ces lieux !... Quoi ! vous en France !

TOUS.

Ah ! pour mon cœur quel doux moment !

GEORGE.

Que je bénis le sort prospère
Qui nous rassemble en ce moment !
Combien j'ai pleuré votre père !

HENRISCA.

Il vous aimait si téndrement !

LAROSE.

Ils ont des aveux à se faire ;
Il faut les laisser un moment.

TOUS.

Ah ! pour mon cœur quel doux moment !

Mlle BEAUPRÉ.

Et nous !... point d'aveux à nous faire !
Il faut nous quitter tristement !

LAROSE.

Elle me boude !... C'est charmant !

TOUS.

La voilà !... Plaisir extrême !
L'espoir agite mon cœur !
J'ai retrouvé ce que j'aime ;
Rien ne manque à mon bonheur !

(Larose et Mlle Beaupré sortent.)

SCÈNE XVI.

HENRISCA, GEORGE.

GEORGE.

Vous, en France ! vous, chère Henrisca ! la joie... la reconnaissance... l'amour...

HENRISCA.

L'amour, monsieur le comte !

GEORGE.

Monsieur le comte !... Ah ! ce mot me fait rentrer en moi-
même... Malheureux ! qu'ai-je dit ?

HENRISCA.

Vous m'aimez, Delval?

GEORGE.

Air : *Un page aimait la jeune Adèle.*

Si je vous aime! tendre amie!
Si je vous ai gardé ma foi!
Hélas!... La voix de ma patrie
Pourra vous répondre pour moi.
Au sein de notre belle France,
Je jouis de ma liberté....
Eh bien!... chaque jour, en silence
Je pleure ma captivité.

HENRISCA.

Ah! tout me prouve que vous ne m'avez point oubliée; le
dessin que je viens de voir...

GEORGE.

Quoi! vous avez vu cette esquisse?

HENRISCA.

Oui, je l'ai vue, monsieur le comte.

GEORGE.

Monsieur le comte!... combien je suis coupable!

HENRISCA.

Oui, vous êtes coupable d'avoir affligé, par votre silence,
des amis, de bons amis qui pensaient à vous; moi aussi, j'ai
peut-être eu tort de ne pas répondre à la seule lettre que
vous avez écrite à mon père après votre départ. Eh bien!
mon cher comte, qu'est-il besoin d'excuses entre nous?

GEORGE.

Que de bonté!

HENRISCA.

Laissez-moi remettre sous vos yeux tous vos titres à ma reconnaissance. Monsieur le comte Delval, vous avez été accueilli chez mon père avec tous les égards dus à votre rang et à vos qualités personnelles; vous avez payé cette hospitalité par la conduite la plus noble et la plus désintéressée. Je vous dois beaucoup : vous m'avez perfectionnée dans ces arts d'agrément qui font le charme de la vie....

GEORGE.

Mademoiselle....

HENRISCA.

Ne m'interrompez pas! J'ai besoin de courage pour achever ce que j'ai à vous dire. Monsieur le comte, je suis libre et indépendante, je suis maîtresse d'un grand bien, je porte un nom illustre dans mon pays; douée d'une âme sensible et peut-être un peu romanesque, il eût été possible que mes affections se portassent sur quelqu'un qui ne fût pas digne de moi; je me rends la justice de penser que j'aurais eu alors la force de les vaincre : il n'en est pas ainsi... vous êtes...

GEORGE.

Arrêtez!

HENRISCA.

Vous êtes le comte Delval de Saint-Arsène. Après tous les services que vous m'avez rendus, après les vœux qu'avait exprimés mon père, je peux vous avouer que..... je vous aime, je peux vous offrir ma fortune et ma main.

GEORGE.

Malheureux que je suis!

HENRISCA.

Parlez maintenant, monsieur le comte.

(Ici M\^{lle} BEAUPRÉ paraît, sortant du parc.)

GEORGE.

Mademoiselle! tant de noblesse, tant de générosité....
Henrisca.... Henrisca.... Je ne mérite pas le bonheur dont
vous m'accablez.... j'en suis indigne....

HENRISCA.

Que dites-vous ?

GEORGE.

Je vous ai trompée, j'ai trompé votre père ! je ne suis pas
le comte de Saint-Arsène.

SCÈNE XVII.

HENRISCA, GEORGE, Mlle BEAUPRÉ.

Mlle BEAUPRÉ.

Vous n'êtes pas le comte de Saint-Arsène ?

HENRISCA.

Expliquez-vous.

GEORGE.

Mon crime se bornait d'abord à n'avoir pas démenti mon
compagnon d'infortune, qui, lorsque je fus blessé et fait
prisonnier, s'avisa de me donner ce nom et cette qualité.

HENRISCA.

Qu'ai-je entendu ?

GEORGE.

Combien aujourd'hui je dois me reprocher ce mensonge !

Mlle BEAUPRÉ.

Ah ! monsieur, vous devriez rougir.

GEORGE.

AIR : *Elle est à moi.*

J'en dois rougir;
Oui, je vous ai trompée !

3

Puis-je chasser ce cruel souvenir ?
Ce souvenir.... de vous seule occupée,
Quand à mon âme il vient encor s'offrir ,
J'en dois rougir.

Mlle BEAUPRÉ.

Eh ! qui donc êtes-vous, monsieur ?

GEORGE.

Le fils d'un brave officier sans fortune.

Mlle BEAUPRÉ.

Un officier... sans fortune....

GEORGE.

Même AIR.

Dois-je en rougir ?
Obscur, et sans fortune,
Encore enfant il me fallut partir :
Comme soldat, pour la cause commune
J'ai su combattre, et j'aurais su mourir :
Dois-je en rougir ?

HENRISCA.

Ah, Delval !... Delval !

GEORGE.

AIR : *Las ! j'étais en si doux servage !*

Mais près de vous, hélas ! j'oublie
Qu'il faut enfin quitter ces lieux ;
Le pauvre George de sa vie
Ne viendra s'offrir à vos yeux :
De tous mes torts j'ai fait l'aveu,
Je dois partir.... je pars.... adieu.
Adieu.... adieu.

(Il s'éloigne.)

SCÈNE XVIII.

HENRISCA, Mlle BEAUPRÉ.

Mlle BEAUPRÉ.

Le pauvre George! monsieur George!... Je vous le demande, mademoiselle, a-t-on jamais vu un pareil imposteur?

HENRISCA.

Je vous défends de jamais prononcer son nom en ma présence.

Mlle BEAUPRÉ.

Vous avez bien raison, mademoiselle; nous ne devons plus penser à lui. Moi, vous parler de cet aventurier! Un petit sous-lieutenant d'infanterie, un pauvre dessinateur, aspirer à la main de mademoiselle Henrisca, fille unique du comte Alexis de Nordiskin, duc de Bellecroff, prince de Crusaloff, chevalier de Sainte-Anne et de l'aigle noir! cela ne se peut pas; je ne souffrirai jamais un pareil mariage.

HENRISCA.

Ne me parlera-t-on que de mariages?

Mlle BEAUPRÉ.

Ah, mademoiselle! je suis indignée! Je voudrais bien voir qu'il osât reparaître à vos yeux!...

HENRISCA.

Mais....

Mlle BEAUPRÉ.

Un mariage aussi disproportionné! Certainement j'ai du goût pour le mariage; mais s'il me fallait faire une mésalliance, s'il me fallait épouser un homme qui ne fût pas au moins valet de chambre...

SCÈNE XIX.

HENRISCA, Mlle BEAUPRÉ, BELAIR.

BELAIR.

Ouf! je n'en peux plus ! J'ai couru ! vous voyez ; je suis
parti par là et je reviens de ce côté ; je ne l'ai pas trouvé,
mais j'en ai appris de belles !

Mlle BEAUPRÉ.

Ah! mon cher monsieur Belair, il n'est pas plus comte
que vous.

BELAIR.

Qui ? le jeune peintre ?

HENRISCA.

Me ferez-vous grâce de toutes vos exclamations ?

Mlle BEAUPRÉ, bas.

Nous n'épousons plus.

BELAIR.

Ah! ah! tant mieux! D'après vos ordres, mademoiselle,
j'ai donc parcouru le village, et j'ai été aux informations :
il paraît que ce monsieur George est un assez mauvais sujet.

Mlle BEAUPRÉ.

Voyez-vous, mademoiselle...

HENRISCA.

Ah! monsieur Belair, ce jeune homme n'est-il pas assez
malheureux d'avoir mérité mon indifférence par le mensonge
qu'il s'est permis et dont il a fait l'aveu avec tant de franchise ?... Faut-il encore le calomnier ?

Mlle BEAUPRÉ.

Bon Dieu! mademoiselle, comme vous le défendez, ce monsieur George!

HENRISCA.

Moi, je le défends? voilà bien la supposition la plus offensante! Vous l'attaquez, il faut bien que je le défende! Parce que je ne puis l'épouser, dois-je permettre qu'on l'injurie en ma présence? Voyons, monsieur Belair, parlez; que vous a-t-on dit de ce pauvre artiste?

BELAIR.

Mademoiselle, j'ai causé avec la cuisinière d'un des gros propriétaires de l'endroit; elle m'a assuré que ce monsieur George est un sournois qui ne parle à personne et qui passe toutes les journées chez une vieille femme logée sur grande place....

HENRISCA.

Et votre accusation est bien fondée?

BELAIR.

Cette vieille femme a avec elle une fille jeune, jolie...

HENRISCA.

Que dites-vous?

Mlle BEAUPRÉ.

Je l'aurais parié!

HENRISCA.

Êtes-vous bien sûr?

BELAIR.

Il y a évidence.

Mlle BEAUPRÉ.

C'est un libertin! ils le sont tous. Et cette jeune personne?

BELAIR.

On la dit fort aimable et fort coquette. Ce n'est pas tout,
mademoiselle : en revenant, j'ai passé devant la maison de
monsieur le maire ; j'ai, selon ma coutume, jeté un coup
d'œil sur le tableau des bans publiés pour les prochains mariages.... c'est une lecture très divertissante. Comme j'étais
fort pressé, je n'ai fait que parcourir, mais je suis bien cer-
tain d'avoir vu le nom de Delval....

HENRISCA.

Le nom de Delval !

Mlle BEAUPRÉ.

Il va se marier !... C'est un monstre !... comme son
sergent !

HENRISCA.

Eh ! que m'importe que M. Delval passe ses journées
près d'une jeune fille, d'une vieille femme ?... qu'il soit sur le
point d'épouser cette jeune fille ?... que les bans soient publiés ?... Croyez-vous donc que je prenne tant d'intérêt
à lui ? Faut-il que je sache ce qu'il dit, ce qu'il fait ?... Je
trouve bien singulier, monsieur Belair, que vous ayez été
prendre des informations sur sa conduite !... et en mon
mon encore !

Mlle BEAUPRÉ.

Mais, mademoiselle !

HENRISCA.

Laissez-moi !

BELAIR.

J'aperçois le sergent, je vais l'interroger.... Mademoiselle Beaupré, ne désespérons pas.

(Larose va pour entrer chez George.)

Mⁱⁱᵉ BEAUPRÉ.

Eh bien !... monsieur Larose !

SCÈNE XX.

HENRISCA, Mⁱˡᵉ BEAUPRÉ, BELAIR, LAROSE.

LAROSE.

Eh bien !... je vais procéder au déménagement...

HENRISCA.

Au déménagement !

LAROSE.

Oui... jé vais emporter les chevalets, les papiers, les pinceaux... tout l'attirail de peinture !... Il m'a dit, les larmes aux yeux : Va, Larose, va... je ne veux plus y remettre les pieds !... Qu'elle soit heureuse, mademoiselle Henrisca, qu'elle soit heureuse dans son château ; mais que ma vue ne trouble pas son bonheur.

BELAIR, à Mⁱˡᵉ Beaupré.

Voilà le sergent qui fait le bon apôtre !

LAROSE.

Ah, mademoiselle ! comme il est triste !... comme il est malheureux ! Quand je pense que c'est moi qui suis cause de son malheur...

HENRISCA.

Comment, Larose !

LAROSE.

Certainement. Est-ce que tout cela serait arrivé, si je ne m'étais pas avisé de lui donner ce titre de Saint-Arsène ! Oui, mademoiselle, c'est moi seul qu'il faut accuser ! mais mon pauvre lieutenant, il n'est pas coupable, il n'a pas mérité toutes les peines qui l'accablent!

AIR *de Turenne*.

Quel souvenir ! Il était sans défense ;
Son sang coulait ; je le voyais mourir !
De nos vainqueurs j'excite la clémence ;
Je me permets de l'anoblir !
Ah ! l'on peut bien excuser ma faiblesse ;
Ce titre, hélas, n'était pas mal acquis !
Son sang coulait pour son pays....
Ne gagnait-il pas sa noblesse?

Et depuis ce jour, mademoiselle, par combien d'égards et de prévenances n'a-t-il pas réparé ma faute !... Honteux du titre que vous lui donniez, osa-t-il jamais vous avouer l'amour que vos vertus lui avaient inspiré ? Moi-même, mademoiselle, moi, son vieux compagnon de guerre, il ne m'a jamais confié son secret !... je l'ai deviné... j'ai lu dans son cœur... mais pour lui, il vous aimait, il vous respectait en silence... Et maintenant, c'est vous !... Ah ! mademoiselle de Nordiskin !... nous sommes bien malheureux ! Adieu, mademoiselle, adieu ! Elle sera gaie la noce de demain !...

(Il va pour entrer chez George.)

BELAIR.

Entendez-vous, mademoiselle Beaupré ?

Mlle BEAUPRÉ.

La noce de demain !

HENRISCA.

Il se marie donc !

LAROSE.

Qui ?

SCÈNE XX.

HENRISCA.

Delval ?

LAROSE.

Mon lieutenant se marier ! et c'est vous qui me le demandez !... Sa sœur épouse notre percepteur.

HENRISCA.

Sa sœur !

Mlle BEAUPRÉ.

Quoi !... ces bans publiés ?

LAROSE.

Sont ceux de mademoiselle Delval.

BELAIR.

Ces deux femmes qui logent sur la place ?

LAROSE.

C'est sa mère, c'est sa sœur, qu'il fait vivre du fruit de son travail et de ses économies.

HENRISCA.

L'ai-je bien entendu ?... Ah !... oui, j'ai besoin de le croire.

LAROSE.

Qu'est-ce que c'est ?... Aurait-on osé calomnier mon lieutenant ? Monsieur Belair ! Monsieur Belair !

BELAIR.

Monsieur le sergent, je vous jure...

LAROSE.

Monsieur le maître de danse, il me prend des envies de

vous faire danser. Vous auriez pu nous épargner aujourd'hui bien des tourmens; et sans votre beau livre rouge...

HENRISCA.

Cet album ?... Il m'a appris la présence de Delval en ces lieux. Cette scène qu'il a si bien tracée...

BELAIR.

Et moi, il faut que je retourne à Paris sans avoir déjeuné, et sans l'esquisse que vous aviez eu la bonté de me promettre.

HENRISCA.

De vous promettre !... Ah !... quelle idée !... Oui !... -Donnez cet album... monsieur Belair ; donnez-le-moi.

LAROSE, à part.

Rien n'est désespéré... Je crois que je ferai bien d'aller chercher mon lieutenant.

(à Belair.)

Monsieur Belair, vous êtes un vilain homme!

(Henrisca est assise sur le banc de verdure qui est devant la maison de George; elle dessine.)

SCÈNE XXI.

BELAIR, Mlle BEAUPRÉ ; HENRISCA, dessinant.

BELAIR.

Je suis un vilain homme !

Mlle BEAUPRÉ, à Henrisca.

Mademoiselle ?...

BELAIR.

Laissez-la donc, elle dessine; tant mieux pour madame de Bourliskoff !

HENRISCA.

Air : *Ronde du* Chaperon.

Oui, c'en est fait!... De la naissance
Le prestige perd sa puissance.
S'il m'est permis de l'estimer,
Il m'est bien permis de l'aimer.
Celui dont le bras tutélaire
A la mort arracha mon père ,
Il est, je croi,
Digne de moi !
Ma main trace sans peine
Cette touchante scène ;
L'amour
M'inspire à mon tour.

2ᵉ.

Aux champs d'honneur, pour sa patrie
Il exposa cent fois sa vie.
Dans ses foyers , aux jours de paix,
Il est connu par ses bienfaits !
Pauvre , il soulage la misère !
Il soutient sa sœur et sa mère !
Il est, je croi,
Digne de moi!
Ma main trace sans peine
Cette touchante scène ;
L'amour
M'inspire à mon tour.

SCÈNE XXII.

HENRISCA, GEORGE, LAROSE, Mlle BEAUPRÉ, BELAIR.

LAROSE.

Le voilà ! le voilà !

GEORGE.

Ah !... mademoiselle !... est-il vrai que vous me permettez de vous faire un nouvel adieu ? Que vous dirais-je !... chère Henrisca !... Ce matin je ne m'attendais pas à vous trouver en ces lieux... honteux de mes torts, je voulais vivre ignoré... Sans ce maudit M. Belair qui m'a poursuivi avec son album...

HENRISCA.

Ah ! ne vous plaignez pas de cet album !

(Elle le lui présente ouvert.)

GEORGE.

Dieu !... que vois-je !

'HENRISCA.

Air *de la Somnambule.*

Sur cet album vous revoyez mon père :
A ses côtés il nous a réunis ;
Il est ému !... Dans ses bras il vous serre !
Il dit : Delval, que n'êtes-vous mon fils !
Au tendre vœu qu'il forma sur la terre,
Mon cher Delval, aujourd'hui j'obéis ;
Voilà ma main !... Remerciez mon père....
Du haut du ciel il bénira son fils.

LAROSE.

La brave femme !... Ça devait finir comme ça !... Eh bien ! monsieur le Russe, voilà une jolie histoire à mettre sur votre album !

VAUDEVILLE.

AIR *nouveau de* **M.** *Heudier.*

GEORGE.

Bien des amans d'une flamme éternelle
Sur un album retracent le serment ;
Mais le serment d'être toujours fidèle,
Le temps, hélas ! vient l'effacer souvent.
Moi, je fais vœu d'aimer toujours ma belle ;
Et ce doux vœu, pour ne pas le trahir,
De notre album ma mémoire fidèle
Conservera toujours le souvenir.

LAROSE.

On a là-bas conservé ma mémoire !
On me connaît ; maintenant c'est fini.
Que j'aie un fils, et certe on doit m'en croire,
Le Roi, l'état, pourront compter sur lui.
S'il fait la guerre, il saura bien la faire ;
Et sans regrets je me verrai mourir,
Si l'ennemi peut des exploits du père
Dans ceux du fils trouver le souvenir.

Mlle BEAUPRÉ.

Il est, hélas ! un bonheur que j'ignore !
Je n'ai donc pu connaître que son nom !
Je naquis fille.... et je suis fille encore ;
Il me faudra mourir dans l'abandon.

De leur amour, excitant mon envie,
Soir et matin je les verrai jouir ;
Et de l'amour, pour consoler ma vie,
Je n'aurai pas même le souvenir.

BELAIR.

J'ai voyagé.... j'ai vu la terre entière,
En tous pays, s'unissant à ma voix,
On célébrait et Racine et Molière !
On célébrait nos antiques exploits !
A ma patrie, en merveilles féconde,
On m'enviait l'honneur d'appartenir ;
Du nom français aux quatre coins du monde
La gloire avait gravé le souvenir.

HENRISCA, au public.

De notre album, messieurs, que faut-il faire ?
Inscrirons-nous l'annonce d'un succès ?
De cet album faudra-t-il au contraire,
Nous faudra-t-il déchirer les feuillets ?
Daignez, messieurs, comblant notre espérance,
Avec bonté ce soir nous applaudir ;
Daignez, messieurs, de votre bienveillance
Sur notre album laisser un souvenir !

FIN.

De l'Imprimerie de Cellot, rue du Colombier, n° 30.

AVIS AUX SOUSCRIPTEURS.

Jaloux de donner à notre édition des *OEuvres de Tressan* toute la correction *possible*, nous avons fait réimprimer en entier la feuille 7 du tome VIII, où il s'était glissé quelques fautes typographiques ; nous la joignons à cette première livraison de figures, ainsi qu'un nouveau titre pour le deuxième volume.

Nous engageons messieurs les souscripteurs à faire remplacer l'un et l'autre par leur relieur.

N. B. Pour le placement des gravures, voir l'indication au revers de la couverture.